Todos los libros de Linkgua Ediciones cuentan con modelos de Inteligencia Artificial entrenados por hispanistas. Pregúntale al chat de tu libro lo que desees acerca de la obra o su autor/a.

Para **ebooks**: Accede a nuestro modelo de IA a través de este enlace.

Para **libros impresos**: Escanea el código QR de la portada con tu dispositivo móvil.

Obtén análisis detallados de nuestros libros, resúmenes, respuestas a tus preguntas y accede a nuestras ediciones críticas generativas para una experiencia de lectura más enriquecedora.
La transparencia y el respeto hacia la autoría de las fuentes utilizadas son distintivos básicos de nuestro proyecto. Por ello, las respuestas ofrecen, mediante un sistema de citas, las fuentes con las que han sido elaboradas.

Ángel de Saavedra. Duque de Rivas

El aniversario

Créditos

Título original: El aniversario.

© 2024, Red ediciones S.L.

e-mail: info@linkgua.com

Diseño de cubierta: Michel Mallard.

ISBN rústica: 978-84-9816-055-0.
ISBN ebook: 978-84-9897-530-7.

Cualquier forma de reproducción, distribución, comunicación pública o transformación de esta obra solo puede ser realizada con la autorización de sus titulares, salvo excepción prevista por la ley. Diríjase a CEDRO (Centro Español de Derechos Reprográficos, www.cedro.org) si necesita fotocopiar, escanear o hacer copias digitales de algún fragmento de esta obra.

Sumario

Créditos   4

Brevísima presentación   7
   La vida   7

A mi hijo Enrique   9
   I. La velada   9
   II. El embozado. La dama. El rapto   19
   III. La batalla. La misa   29

Libros a la carta   39

Brevísima presentación

La vida
Duque de Rivas, Ángel Saavedra (Córdoba, 1791-Madrid, 1865). España.

Luchó contra los franceses en la guerra de independencia y más tarde contra el absolutismo de Fernando VII, por lo que tuvo que exiliarse a Malta en 1823. Durante su exilio leyó obras de William Shakespeare, Walter Scott y Lord Byron y se adscribió a la corriente romántica con los poemas El desterrado y El sueño del proscrito (1824), y El faro de Malta (1828).

Regresó a España tras la muerte de Fernando VII heredando títulos y fortuna. Fue, además, embajador en Nápoles y Francia.

A mi hijo Enrique

Ossa arida, audite verbum Domini.
Ezequiel, Prof.

I. La velada
Hundiéndose en los mares de Occidente
tras de las lomas áridas y adustas,
lindes de Lusitania y de Castilla,
un Sol de otoño, entre rosadas brumas,

recortó con sus últimos destellos
las altas frentes y erizadas puntas
de las torres y montes convecinos.
que a Badajoz defienden y circundan.

Y en cuya catedral los sacros bronces,
que en la región de las tormentas
 zumban,
para el Sol venidero le anunciaron
festividad solemne y pompa augusta.

Las del aniversario de aquel día
en que el Séptimo Alfonso de la furia
y del poder triunfando sarraceno
expugnó a Badajoz tras larga lucha.

Y en que purificando su mezquita
del falso rito y prácticas inmundas,
del Gólgota a la enseña triunfadora

maldita se humilló la media Luna.

De la insigne ciudad voto solemne
aquel festejo popular, que aún dura,
fundó de gratitud en homenaje,
sin que dejara de cumplirlo nunca.

Y desde la conquista memoranda
tendido habían al paso dos centurias,
hasta el suceso grande y misterioso,
que hoy quiere recordar mi humilde
 pluma.

•••

Del alto campanario el gran rim-
 bombe
de gozo la ciudad mísera inunda,
que bien ha menester de regocijos
después de un año de dolor y angustias.

De un año de ansiedad y de miseria
en que la tuvo la enconada pugna
de dos linajes nobles y ambiciosos,
de Badajoz azote y amargura:

«Portugaleses», lusitana estirpe,
y «Bejaranos», extremeña alcurnia:
rivales poderosos, que el dominio
de la infeliz ciudad fieros disputan,

y que poner en paz don Sancho «el Bravo»
logró hace poco con prudencia suma,
gozando el pueblo, aunque por breves horas,
de tal monarca la presencia augusta.

¡Quiera el cielo que dure aquella calma,
y que no quede en la ceniza oculta
pequeña chispa, que, tomando cuerpo,
los pasados incendios reproduzca!

•••

Por las calles y plazas la nobleza
mézclase afable a la plebeya turba,
y unidos los hidalgos y pecheros
la velada alegrar todos procuran.

Del alguacil o arquero nadie teme
en tal noche insolencia inoportuna,
ni que el toque obligado de la queda
venga a dar fin a la función nocturna.

Con matizadas telas los balcones
y luminarias a la noche insultan,
y suenan por doquiera tamboriles,
rabeles, pitos, flautas y bandurrias.

Mas el centro común de aquella fiesta,
donde la gente principal se agrupa,

es de la catedral la extensa plaza,
que adornan arcos de ramaje y murta.

Arde en su centro rutilante hoguera,
y sobre su pirámide, que ondula,
de fácil llama, saltan los muchachos
con tal audacia, que mirarlo asusta.

Aquel rojo esplendor la plaza llena,
refleja del gran templo en las columnas,
en las lejanas torres, en las casas,
en los humanos rostros que circulan

y si con viva luz perfila y corta
cuanto alcanza en redor, sombras oscuras
causa también, tan vagas, tan movibles,
que con formas fantásticas lo abulta.

Allá en los soportales se establecen
puestos mezquinos de confites, frutas,
licor, torrados, nueces, chucherías,
y a un tiempo gritos mil su venta anuncian.

El aceite en que hierven los buñuelos
infecta el aire más que lo perfuma,
los populares cánticos lo aturden,
con voces discordantes y confusas.

•••

Avanza ya la noche, a paso lento
entre celajes al cenit la Luna,
pero aún no es el concurso numeroso,
ni aún reinan confusión y barahunda,

   pues va a salir enmaromado un toro,
y la gente juiciosa, y la machucha,
y las damas, no quieren un tropiezo
con quien no acata canas ni hermosura.

   Solo la gente joven y los guapos,
con algazara por las calles cruzan,
mientras que los balcones y las rejas
las mujeres, solícitas, ocupan.

   •••

   Que el feroz animal ya sale avisan
gritos, carreras, luminarias, bulla,
y muchos, que en las calles y las plazas
de valientes la echaban, se atribulan.

   Y algún portal, o pilarón, o verja
para esconderse demudados buscan:
que es una cosa el esperar al toro,
y otra quedarse cuando asoma y bufa.

   Con una luenga soga, en que se en-
sartan
chulos, pillos, borrachos y granujas,
y al animal por el testuz sujeta
para impedirle que se ponga en fuga,

un guadianeño buey enorme, blanco,
de inmensa y reforzada cornadura,
corre, atropella, embiste, retrocede,
retemblando la tierra a sus pezuñas.

Unos, huyendo, súbense a las rejas,
mas las damas de adentro, si son
 chuscas,
para obligarlos a volver al riesgo,
los vejan, los pellizcan, los empujan.

Otros al paso al fiero buey recortan
con garbo y gentileza, y con que alguna
flor o cinta se ganan, como en premio
de su serenidad, arte y bravura.

También hay quien con gracia y gentileza,
manejando la capa a la andaluza,
y consiguiendo estrepitoso aplauso,
al feroz animal engaña y burla.

Pero tal vez algunos por el aire
vuelan a impulso de las corvas puntas,
o por tierra revuélcanse, las ropas
y las carnes también rotas y sucias.

•••

Tal sucedió al alcalde. ¡Desdichado!
Con vara, con linterna y con la chusma

de alguaciles detrás, la ronda hacía,
lejos del toro, y lejos de trifulcas,

cuando el vil animal volvió de pronto,
de un rehilete huyendo que le punza,
atropelló de pillos la gran sarta
que dejan la maroma por la fuga,

y tomando una oscura callejuela,
tal vez del campo y de reposo en busca,
tropezó con la ronda de improviso,
y fue justo que hiciera de las suyas.

Llevó buen revolcón el pobre alcalde,
y alta grita además, que la gentuza,
¡villana propensión!, aplaude siempre
que al que manda le espetan una tunda.

Afortunadamente no fue cosa,
y salió sin lesión de tanta angustia,
con varios desgarrones en la capa
y maldiciendo tan pesadas burlas.

Este incidente, y que la medianoche
ya la campana de la Vela anuncia,
volver al toro hicieron a su establo,
dando al demonio la ovación nocturna.

•••

Entonces, sí, que calles y que plazas
honradas fueron por la gente culta,

y por damas gallardas y galanes,
con ricas vestes y pintadas plumas.

Empezó la función a ser más noble,
sí no tan bulliciosa, y las bandurrias,
vihuelas, menestriles y panderos
sones de danza armónicos modulan.

Doncellas de alto fuste entonces salen,
y del contento general disfrutan,
luciendo ricas y elegantes galas,
que su beldad y su linaje ilustran.

Mas entre todas ellas descollando,
como erguido ciprés entre las murtas,
como azucena en medio de las flores,
como entre las estrellas la alma Luna,

y la atención universal llamando,
y calle abriendo respetosa turba,
doña Leonor de Bejarano llega,
preconizada Sol de Extremadura.

Son sus ojos luceros rutilantes
que a los del cielo con su lumbre
 ofuscan,
ébano son las trenzas y los rizos
que por su cuello de marfil ondulan,

soberana su altiva gentileza,
y su rostro el compendio en que se
 juntan

gracia, beldad, modestia, altanería,
alto talento y discreción profunda.

  Tendió con inquietud la vista en torno,
como quien algo que le importa busca,
y en un sillón que colocara un paje
sobre una alfombra de labor moruna

  sentóse, de sus dueñas circundada,
con modestia y con noble compostura.
El concurso la admira y la contempla,
y damas y galanes la saludan.

  Y los «Portugaleses» en su obsequio
más asiduos mostrándose que nunca,
cercáronla, corteses, elogiando
sus gracias, joyas, talle y hermosura.

  Sus extremos y el ver que en el concurso
las señoras no están de aquella alcurnia,
y que a doña Leonor le dejan sola
ser reina del festejo, inspira alguna

  sospecha en los astutos y medrosos
de que la enemistad aun arda oculta
de ambos linajes y que aun pueda un día
la paz romper que Badajoz disfruta.

II. El embozado. La dama. El rapto
En un rincón de la plaza,
detrás de unos pilarones,
que cortaban de la hoguera
el paso a los resplandores,

un siniestro grupo forman,
bañado en sombra, tres hombres,
envueltos en capas negras
que ocultan luengos estoques;

con el embozo el semblante
hasta las cejas esconden,
y calados los birretes,
en silencio están inmobles.

El uno de cuando en cuando
con gran recato se pone
a observar cuanto en la plaza
acontece aquella noche.

Y cuando su rostro asoma
y a la roja luz lo expone,
bríllanle en dos ojos negros
dos relámpagos atroces.

Al ver llegar tan gallarda
a doña Leonor, quedóse
como encantado un momento,
y en temblor convulso rompe.

Retírase, y en voz baja,
pero en la cual se conoce
gran turbación, de este modo
dice a los dos que le oyen:

«Ya está en la plaza... ¡Oh cuán bella!...
Sus ojos como dos soles
ha girado en busca mía...
Me lo dice el alma a voces,»

Uno de los dos, del brazo
lo sacude y le interrompe,
con acento que parece
satánico acento: «Joven,

»si ella te ama y tú lo sabes,
y te la niegan feroces
el padre y hermanos, solo
por los antiguos rencores,

»con tu espada y con tu esfuerzo
tu amor ardiente se logre.
Y queden los 'Bejaranos'
hundidos de un solo golpe.»

Tiembla el mancebo un instante,
que la importancia conoce
del consejo, y decidido
de esta manera responde:

«Si ese desdeñado novio
que su familia le impone,
porque es del rey favorito,
baila con ella esta noche.

»será, os juro por mi sangre,
rayo abrasador mi estoque,
y de los 'Portugaleses'
restablecido el renombre.»

El otro, que hondo silencio
guardó tenaz hasta entonces,
y que de los tres mostraba
ser el más viejo en su porte,

«Hablas —le dijo— cual debe
hablar en tu caso un noble.
Bailará, sí, no lo dudes;
haz lo que te cumple entonces.

»Pues preparado está todo
con tal secreto y tal orden,
que doña Leonor tu esposa
será, aunque lo impida el orbe.»

Tornan a hundirse en silencio
los tres, y a quedarse inmobles.
Y atento la plaza observa
con grande ansiedad el joven.

•••

Aquel grosero bullicio
y atronadora alegría,
que en las fiestas populares
nos aturde y nos fastidia;

y la confusión de gentes
incultas y poco limpias,
que nos sofoca y estrecha
y la diversión nos quita,

ya de la alegre velada
desaparecido habían,
para aparecer de nuevo
al celebrarse la misa.

Y aquel tropel de borrachos
y chicos y de chicas,
que disgustos causan solo
y desazones y riñas,

también rendido o disperso
en hondo sueño yacía
dejando la extensa plaza
más desahogada y tranquila.

No incomodaba la hoguera,
ya leve llama y ceniza,
y solo de los balcones
las luminarias ardían,

cuyo fulgor, combinado
con el que, argentada y limpia,

en cenit daba la Luna
entre blancas nubecillas,

   formaba una luz tan grata,
ya plateada, ya rojiza,
y una claridad tan dulce,
tan templada, tan benigna,

   que de mágica apariencia
la extensa plaza vestía,
dando más realce a la gala,
y más encanto a las lindas.

   Los sonoros instrumentos
armonizaban las brisas,
y el baile duraba alegre
entre las personas finas.

   ¡Qué matizados ropajes,
cuántas pluma, cuánta cinta
la plaza, como las flores
el vergel risueño, pintan!

   ¡En cuántas lucientes joyas,
de las estrellas envidia,
las antorchas y la Luna
relampaguean y brillan!

   ¡Cuántos ojos hechiceros
abrasan a los que miran
con los ardientes vislumbres
de sus aleves pupilas!

¡Cuánto delicado talle,
que al laurel gallardo imita
cuando el céfiro halagüeño
en el jardín lo acaricia,

arrebata corazones,
y voluntades cautiva!
¡Qué atmósfera deliciosa
en Badajoz se respira!

•••

Ninguna dama desdeña,
por encumbrada y altiva,
tomar ya parte en la danza,
mostrando su gallardía,

con los nobles caballeros
que obsequiosos las convidan,
para que luzcan su garbo
y ostenten sus galas ricas.

Y a respetuosa distancia,
si aún quedan, pobres familias
cariñosas las aplauden,
envidiosas las admiran.

Doña Leonor solamente
aún no ha dejado su silla,
y algo tiene su semblante
que inquietud interna indica;

por más que afable en sus labios
brille apacible sonrisa,
que a los saludos y obsequios
corresponde agradecida,

y que ni un punto deponga
la reserva noble y digna
que corresponde al orgullo
de su encumbrada familia.

...

Ya en Oriente albo destello
y una nube purpurina
anunciaban que la aurora
del mar Tirreno salía

cuando el padre y los hermanos
de doña Leonor divina,
acompañando a un mancebo
de cortesana hidalguía,

y del más vistoso traje,
y de figura expresiva,
se acercaron gravemente
a la hermana y a la hija,

y pídenle cariñosos,
mas con voz imperativa,
que con aquel caballero,
que para suyo destinan,

salga a animar con su garbo,
su beldad y bizarría
el fin de la alegre danza,
pues que ya la noche expira.

Ella, aunque el alma le parte
y el pecho le martiriza
tal mandato, disimula
discreta, sagaz y lista.

Y, aunque alguna excusa intentan
balbucir, la llama altiva
que en los ojos de su padre,
anunciando enojo, brilla,

le aterra, y cubriendo astuta
el disgusto que la agita,
en pie se pone gallarda
entre universales vivas.

•••

Apenas en pie se puso,
al lado del caballero,
doña Leonor Bejarano
con noble y turbado aspecto,

y en torno un circo formaba
el regocijado pueblo,
para darles el tributo
de aplausos y acatamientos,

en el rincón de la plaza
donde estaban en silencio
los tres hombres embozados
tronó alarido tremendo.

   Y los tres hombres las capas
arrojando a un mismo tiempo,
y mostrándose vestidos
de coseletes de hierro,

   con la presteza del rayo,
confusión sembrando y miedo,
en la mano los estoques
vuelan de la plaza al centro.

   El desorden, la sorpresa
turban el concurso inmenso;
huyen niños y mujeres
con pavorosos lamentos.

   Unos a otros se atropellan,
sin saber dónde está el riesgo.
Los hombres se arremolinan,
ignorando qué es aquello.

   Se oyen gritos espantosos,
desnúdanse mil aceros,
puertas ciérranse y balcones
con presteza y con estruendo.

   Doña Leonor se desmaya

en brazos del caballero;
cuando los tres agresores
llegan, y el más joven de ellos

  al dichoso le traspasa
de horrenda estocada el pecho.
Y mientras de ardiente sangre
inunda la tierra el muerto,

  los otros dos, animosos,
asen con feroz denuedo
a la exánime doncella
y arrebátanla violentos.

  A darle tardo socorro
llegan su padre y sus deudos,
y pasmados reconocen
el osado mancebo

  de la estirpe «Bejarana»
al enemigo más fiero,
y de los «Portugaleses»
al más gallardo y soberbio.

  Arrójanse a la venganza...
Mas ¿qué pueden sus esfuerzos,
desarmados, sorprendidos
y con sayos de festejo,

  si los del contrario bando,
traidores, llevan cubiertos
con las galas los arneses,

para combate dispuestos?

 «¡Traición! ¡Traición y venganza!»,
gritan furiosos aquéllos.
«¡Muerte! ¡Sangre y exterminio!»,
con altivas voces éstos...

 Del gran rey don Sancho «el Bravo»
rotos quedan los conciertos,
y de la civil discordia
reanimados los incendios.

 III. La batalla. La misa
 ¡Infeliz Badajoz!... ¡Oh Sol, detente!
Niega hoy tu luz al turbio Guadïana,
y en nubes de oro y grana
quédate reclinado en el Oriente.

 No vengan a alumbrar tus resplandores,
de sangre y muerte y exterminio llenas,
sus márgenes amenas:
cubra noche eternal tantos horrores.

 Mas, ¡ah!, no llega a ti mi voz, y
 tiendes,
inmutable siguiendo tu carrera,
el paso por la esfera,
y sobre Badajoz tu lumbre extiendes.

 Mírala arder en espantable guerra,

de la discordia al hórrido alarido,
y otra vez encendido
el fuego del infierno en esta tierra.

   Mira de los incendios el espanto,
y cómo el humo en sofocante nube
hasta tu trono sube
a ennegrecer tu rutilante manto.

   Mira arroyos de sangre en el Guadiana
perderse enrojeciendo sus cristales.
Mira las infernales
furias triunfando de la raza humana.

   ¡Maldición! Maldición a los primeros
que rompieron la paz tan santo día,
y que en batalla impía
desnudaron los bárbaros aceros!

•••

   Si inermes los altivos «Bejaranos»,
por la traidora saña sorprendidos,
pudieron ser vencidos,
ya empuñan hierro sus feroces manos.

   Y arden en ira y en atroz venganza,
y vestidos los bélicos arneses,
de los «Portugaleses»
cébanse sin piedad en la matanza.

Y los «Portugaleses», defendiendo
la presa que les dio su alevosía,
sacian la saña impía
lago de sangre a Badajoz haciendo.

Cunde voraz la formidable llama,
las casas y palacios devorando
del uno y otro bando,
y por altas techumbres se derrama.

Calles y casas, plazas y jardines
campo son horroroso de pelea,
y la muerte pasea
de la ciudad los últimos confines.

Blasfemias, gritos, voces y lamentos,
y el crujir de las armas atronante,
y polvo sofocante
llenan y enciende los delgados vientos.

No es entre hombres la lucha, es entre fieras,
o más bien entre monstruos del infierno...
¿Y nadie, ¡oh Dios eterno!,
teme el rayo, terror de las esferas?

¿Nadie recuerda, ¡oh ceguedad impía!,
el santo aniversario en que rendido
un pueblo agradecido
debe ante ti postrarse en este día?...

Alguien lo recordó... Sobrepujando
una campana del combate horrendo
el tormentoso estruendo,
al templo está los fieles convocando...

Mas, ¡ay!, que no la escuchan los feroces,
y aquella voz del Cielo se ahoga y
  hunde,
y el rumor la confunde
de ardientes armas y tremendas voces.

Y si el enfermo, el niño y el anciano
y la doncella tímidos la escuchan,
el terror con que luchan
torna su afán de obedecerla vano.

Nadie, ¡oh sacro metal!, obedecerte
puede, aunque quiera, en tan infausto
  día.
¿Quién cruzar osaría
calles do reinan exterminio y muerte?

•••

Uno solo, obediente a aquel mandato
y de alta obligación al santo grito,
se alza, sale, las calles atraviesa,
desprecia los peligros:

el santo sacerdote, que aquel día
celebrar de la Iglesia los oficios

debe en la catedral; su santo celo
le da santo heroísmo.

   Armas, furias, estragos atraviesa
incólume, y del Cielo protegido
del sacro templo la cerrada puerta
ábrese y le da asilo.

   En la desierta catedral, en donde
ni aun ornan el altar lucientes cirios,
y cuya soledad lo asombra y pasma,
entra despavorido.

   Solo halla a un joven sacristán temblando,
más que, por el combate y exterminio,
cuyo rumor duplícase en las bóvedas
del lóbrego edificio,

   porque nadie ha tocado la campana,
que dio a los fieles el sonoro aviso,
sonando por sí sola o compelida
por impulso divino.

   Al saberlo, pasmado el sacerdote
advierte lo que manda aquel prodigio,
siente algo en su interior que lo engrandece
le da extraño brío.

   Y, aunque desiertos mire iglesia y coro
y presbiterio, y en aquel recinto

no más viviente que el cuitado joven
trémulo y semivivo:

«No quede —exclama— en tan infausto día
sin culto el templo del Señor bendito,
y, pues tú y yo bastamos, celebremos
el santo sacrificio.

»Que, aunque desnudo de aparato y
pompa,
subirá al trono del Señor lo mismo.
Logre hoy del Sacramento la presencia
este olvidado sitio.»

Se anima el sacristán (a ambos fuerza
impulso superior), corre al proviso
y prepara el altar, al altar sube
el preste revestido.

La misa empieza con fervor devoto,
en la tierra y altar los ojos fijos.
Antes de leer la epístola se vuelve,
siguiendo el sacro rito,

a decir: «El Señor sea con vosotros»,
y no encuentra, ¡oh pavor!, a quién de-
cirlo,
que están desiertas naves y capillas
y su ámbito vacío.

Anonádase, tiembla, se confunde,
y oyendo resonar lejanos gritos

y el rumor del combate que arde fuera,
en el santo recinto

   trémulo torna, y a la imagen santa
de nuestro Redentor, hondos gemidos
lanzando que del alma le salían,
entre lágrimas dijo:

   «Señor, Señor, piedad... ¿Cómo consientes
que así te ofendan tus feroces hijos;
y que cuando debieran prosternados
adorarte sumisos,

   »recordando el favor con que libraste
esta infeliz ciudad de los impíos,
se estén cual torvas fieras devorando,
ofendiéndote inicuos?

   »¿Cómo, Señor, permites que tu templo
en tal festividad quede vacío,
y que tu cuerpo y sangre nadie adore,
más que tu siervo indigno?»

   La epístola leyó, y «el Señor sea
con vosotros» tornó a decir, y frío
quedó cual mármol, de concurso inmenso
el templo viendo henchido.

Más ¡qué concurso! ¡Oh Dios! ¡Concurso helado,
que ni alienta, ni muévese, ni brillo
muestra en los ojos!... Turba de esqueletos...
vivientes de otro siglo.

¡Esqueletos! Envueltos en sudarios
los más; algunos con ropajes ricos
deslustrados y rotos; muchos visten
sayal de San Francisco;

varios, armas mohosas y abolladas;
algunos, los más altos distintivos;
y hay de todas edades, sexos, temples,
sin orden confundidos.

Abiertas de la iglesia en suelo y muros
estaban de sepulcros y lucillos
las losas, el silencio era espantoso
y el ambiente más frío.

Sí. Los conquistadores denodados,
que a Badajoz ganaron para Cristo,
salieron con los suyos de las tumbas
a adorar a Dios vivo;

y a celebrar el santo aniversario,
asistiendo del culto a los oficios,
ya que sus descendientes infernales
los tienen en olvido.

Tiembla el joven sirviente. El sacerdote
aterrado prosigue el sacrificio.
Consagra, alza, consume, vuelve luego
y halla el concurso mismo.

«Marchad; la misa concluyó», pro-
nuncia,
y al punto desparece aquel gentío.
Tórnase en nada, y ciérranse las losas
de tumbas y lucillos.

No tenían que esperar los bienha-
dados
la bendición humana; ya benditos
estaban del Señor. Fuera del templo
prosigue el exterminio.

No pudo más el santo sacerdote,
una misión terrible había cumplido.
Fue a recoger de su fervor el premio,
y muerto a tierra vino.

Madrid, mayo de 1854.

Fin

Libros a la carta

A la carta es un servicio especializado para
empresas,
librerías,
bibliotecas,
editoriales
y centros de enseñanza;
y permite confeccionar libros que, por su formato y concepción, sirven a los propósitos más específicos de estas instituciones.

Las empresas nos encargan ediciones personalizadas para marketing editorial o para regalos institucionales. Y los interesados solicitan, a título personal, ediciones antiguas, o no disponibles en el mercado; y las acompañan con notas y comentarios críticos.

Las ediciones tienen como apoyo un libro de estilo con todo tipo de referencias sobre los criterios de tratamiento tipográfico aplicados a nuestros libros que puede ser consultado en Linkgua-ediciones.com.

Linkgua edita por encargo diferentes versiones de una misma obra con distintos tratamientos ortotipográficos (actualizaciones de carácter divulgativo de un clásico, o versiones estrictamente fieles a la edición original de referencia).

Este servicio de ediciones a la carta le permitirá, si usted se dedica a la enseñanza, tener una forma de hacer pública su interpretación de un texto y, sobre una versión digitalizada «base», usted podrá introducir interpretaciones del texto fuente. Es un tópico que los profesores denuncien en clase los desmanes de una edición, o vayan comentando errores de interpretación de un texto y esta es una solución útil a esa necesidad del mundo académico.

Asimismo publicamos de manera sistemática, en un mismo catálogo, tesis doctorales y actas de congresos académicos, que son distribuidas a través de nuestra Web.

El servicio de «libros a la carta» funciona de dos formas.

1. Tenemos un fondo de libros digitalizados que usted puede personalizar en tiradas de al menos cinco ejemplares. Estas personalizaciones pueden ser de todo tipo: añadir notas de clase para uso de un grupo de estudiantes, introducir logos corporativos para uso con fines de marketing empresarial, etc. etc.

2. Buscamos libros descatalogados de otras editoriales y los reeditamos en tiradas cortas a petición de un cliente.

www.ingramcontent.com/pod-product-compliance
Lightning Source LLC
Chambersburg PA
CBHW032106040426
42449CB00007B/1198